BEI GRIN MACHT SICH IHR WISSEN BEZAHLT

- Wir veröffentlichen Ihre Hausarbeit,
  Bachelor- und Masterarbeit

- Ihr eigenes eBook und Buch -
  weltweit in allen wichtigen Shops

- Verdienen Sie an jedem Verkauf

Jetzt bei www.GRIN.com hochladen und kostenlos publizieren

Nico Schröbler

Porträt von Claude Monet

GRIN Verlag

Bibliografische Information der Deutschen Nationalbibliothek:

Die Deutsche Bibliothek verzeichnet diese Publikation in der Deutschen National-
bibliografie; detaillierte bibliografische Daten sind im Internet über http://dnb.d-
nb.de/ abrufbar.

Impressum:

Copyright © 2013 GRIN Verlag GmbH
Druck und Bindung: Books on Demand GmbH, Norderstedt Germany
ISBN: 978-3-656-45681-0

Dieses Buch bei GRIN:

http://www.grin.com/de/e-book/229809/portraet-von-claude-monet

GRIN - Your knowledge has value

Der GRIN Verlag publiziert seit 1998 wissenschaftliche Arbeiten von Studenten, Hochschullehrern und anderen Akademikern als eBook und gedrucktes Buch. Die Verlagswebsite www.grin.com ist die ideale Plattform zur Veröffentlichung von Hausarbeiten, Abschlussarbeiten, wissenschaftlichen Aufsätzen, Dissertationen und Fachbüchern.

Besuchen Sie uns im Internet:

http://www.grin.com/

http://www.facebook.com/grincom

http://www.twitter.com/grin_com

Facharbeit

Fachgebiet Deutsch

Klasse St112

Thema: „Claude Oscar Monet"

Erarbeitet von:	Nico Schröbler
Tag der Abgabe:	10.04.2013

Inhaltsverzeichnis

1 Einleitung

"Das Motiv ist zweitrangig für mich. Ich will darstellen, was zwischen dem Objekt und mir lebt."[1] Dies ist ein bekanntes Zitat des großen Künstlers Claude Oscar Monet[2]. Sein Leben, seine Werke, sowie sein Schaffen hat es in die Kunstbücher und Historien unserer Geschichte geschafft. Ein jeder Mensch, der den Namen C. Monet hört, denkt an den Künstler und hat teilweise berühmte, von ihm gemalte Bilder vor seinem geistigen Auge. Er hat die Welt und Kunst im Wesen verändert und ist dennoch ein bescheidener Mann, dem die Kunst an erster Stelle steht. Seine gemalten Werke hängen in den größten und bedeutendsten Galerien und Museen aus. Doch warum ist ein gewöhnlicher Mensch doch nicht so gewöhnlich?

2 C. Monet als Person

C. Monet ist ein langbärtiger Zeitgenosse. Mit einem kurzen grauen Haarschnitt in seinem letzten Lebensabschnitt. Vom Blick in sein Gesicht erfährt man, dass er wohl ein sehr ausgeglichener Mensch gewesen sein muss, den das Leben nicht allzu sehr zeichnete. Seine Figur weist auf, dass es ihm im Alter nicht schlecht ging mit dem Verdienst eines bekannten Malers, denn er war ein sehr gut genährter Mann mit rundlichen Gesichtszügen. Eben ein Mann der mit beiden Beinen im Leben stand und zufrieden mit seiner Lebensweise war.[3]

2.1 Biografie von C. Monet

C. Monet wurde als Sohn eines Kolonialwarenhändlers am 14.11.1840 in Paris geboren. Durch die wirtschaftlich sehr schlechte Lage zur Kindheitszeit von C. Monet, musste die Familie von Paris nach Le Havre ziehen. Während seiner Kindheit ging er auf ein stätisches Gymnasium in Le Havre. Der Schulunterricht interessierte ihn nicht

---

[1] Claude Monet, http://www.art-11.net/2012/07/claude-monet-und-der-impressionismus/, 16.03.2013
[2] Im weiteren als C. Monet benannt
[3] Bilder 1 + 2 lt. Anhang

allzu sehr, sodass er meistens der Schule fern blieb. Währenddessen genoss er die Landschaft draußen und ließ die Eindrücke des Meeres auf sich wirken. In den Tagen, an denen er mal die Schule besuchte, zeichnete er allerhand Karikaturen von den Personen in seiner Umgebung[4]. Dies machte ihn bekannt und er erwarb schon seine ersten kleinen Einnahmen durch die Publikation dieser Werke.

Als im Jahre 1857 seine Mutter Louise Justine Aubrée starb, fing er an sein erstes Landschaftsbild zu malen und entdeckte die Malerei für sich. Seine Pläne für sein weiteres Leben standen fest und er wich von diesen Berufsvorstellungen nicht ab. Er begann sich der Kunst ganz hinzugeben im Jahre 1860, als er anfing in der Académie Suisse[5] zu malen. Auch C. Monet war als Mann nicht vom Wehrdienst befreit, doch seine ersten Erfahrungen mit dem Militärdienst in Algerien waren doch recht kurz, da er nach knapp einem Jahr an Typhus erkrankte und zurück nach Le Havre reiste. Von einem Nachholen des Militärdienstes kaufte ihn seine Tante frei, sodass er nicht mehr für den Staat Militärdienst leisten musste.[6] Nach dem er sich wieder erholt hatte widmete er sich wieder der Kunst und der Landschaftsstudie. Er malte in einem freien Atelier und traf dort den später berühmten Maler Pierre-Auguste Renoir.[7]

Ab 1864 arbeitete er mit seinem sehr guten Malerkollegen Fréderic Bazille enger zusammen. Er eröffnete mit ihm ein gemeinsames Atelier in Paris. Währenddessen lernte C. Monet die aus reichem Hause kommende Camille Doncieux kennen.[8] Sie diente dann auch als Modell, für eines seiner ersten und besten Werke. Es war das Werk: „Camille im grünen Kleid"[9]. 1869 fing er an seine neue Mahlweise[10] zu perfektionieren. Im Jahre 1870 zog er dann mit seinem im Jahre 1867 geboren Sohn und seiner Frau nach London. Doch ein Jahr später zog er schon wieder zurück nach

---

[4] Im Anhang ist eine Karikatur zu finden, gezeichnet mit ca. 15 Jahren, Bild 3
[5] Lediglich ein Atelier zur kostengünstigen Überlassung eines Akt-Modells, kein Unterricht/Lehrausbildung
[6] www.was-war-wann.de/personen/claude-monet.html, 22.03.13
[7] http://www.dibb.de/monet-claude-impressionismus.php , 22.03.13
[8] http://www.amazon.de/Die-Frau-gr%C3%BCnen-Kleid-Roman/dp/3426198703, 22.03.13
[9] siehe Bild 4 lt. Anhang, gemalt mit Öl auf Leinwand, 1866
[10] im weiteren Verlauf wird die Mahlweise näher erläutert

Frankreich. Grund dafür war eine kleine Erbschaft durch den Tod seines Vaters. Erstmals in seinem Leben erkannte er, was mittelständiger Wohlstand bedeuten sollte.

1873 beginnt er mit der Erstellung des wichtigsten Gemäldes für die Epoche des Impressionismus, dem Gemälde: „Impression, soleil levant"[11]. C. Monet gründet dann mit den Künstlern Manet, Cézanne, Pissaro, Renoir, Degas und einigen anderen eine Künstlervereinigung. Das Gemälde wurde am 15.04.1874 auf einer Kunstausstellung ausgestellt. Das Publikum lehnte die Malweise vollkommen ab. Dadurch wurden die Künstler spöttischer Weise, in Anlehnung an den Namen des Gemäldes, als Impressionisten bezeichnet. Doch die Künstler blieben bei ihrer Malweise und bekamen immer mehr Zuspruch. C. Monet malte ebenfalls noch weitere bekannte Werke, auch zwei die seine Frau abbildeten. Er bekam mit seiner Frau noch einen weiteren Sohn. Danach starb Camille Doncieux im Alter von 32 Jahren an Unterleibskrebs. Später heiratete er erneut und begann seine berühmtesten Gemälde zu malen. Angelehnt an seinen eigenen Teich mit den Seerosen malte er dann diese in vielen verschiedenen Varianten und den Zyklus einer Seerose. Im Alter von 86 Jahren starb dann C. Monet in Giverny.[12]

3 Mahlweise C. Monet / Impressionismus

Als Motive hat C. Monet meistens die Landschaft und Natur gewählt, was typisch für die Impressionisten war. Die Malweise war sehr revolutionär zu dieser Zeit, denn es wurden kleine kurze Pinselstriche aneinander gereiht und überlappen lassen. Ein impressionistisches Gemälde zu analysieren war nun nicht mehr aus der Dichte möglich, denn dort hätte man wenig Details wahrnehmen können. Nun musste man ein Gemälde von einem gewissen Abstand betrachten, um Details zu erkennen. Durch Licht, Schatten und Farbe ließ C. Monet dem Betrachter der Fantasie freien Lauf. Der Betrachter lässt die ganzen doch sehr hart wirkenden, kurzen Pinselstriche im Auge

---

[11] Übersetzung: „Impression, Sonnenaufgang" Bild 5, lt. Anhang
[12] in Anlehnung an Fußnote 7 + 8 (Ganzer Absatz)

verschwimmen und aus der Ferne sind dann Details zu erkennen, die man von Nahem nicht gesehen hätte. Somit lässt der Betrachter nicht nur das Bild auf sich wirken, sondern nimmt aktiv an seiner analytischen Sichtweise teil. Die vorher wichtigen Linien, Räumlichkeiten und Kompositionen treten in den Hintergrund.[13]

Weitere Merkmale des Impressionismus waren, dass die Erdfarben, wie braun, schwarz und grau vermieden wurden. Oft nur Verwendung der sechs Grundfarben des Farbkreises. Die Mischung erfolgte erst im Auge beziehungsweise Gehirn. Optisch hervorgehoben wurde das Bild mit einem oft verwendeten Komplementärkontrast. Das heißt die Farben, die im Farbkreis direkt gegenüber liegen wurden als Kontraste zueinander im Bild angeordnet. Die Motive waren einfache und nicht erwähnenswerte Motive. Oftmals war es das Alltagsleben oder einfach die Natur um den Künstler herum. Es war einfach das Bild wichtiger, als das, was das Bild darstellen sollte.[14]

4   Sinn des Impressionismus

Den allgemeinen Sinn des Impressionismus findet man im Namen selbst. Das Wort Impressionismus ist abgeleitet vom lateinischen Wort impressio, -ionis, und bedeutet Eindruck beziehungsweise Sinneswahrnehmung. Die impressionistischen Künstler wollten nicht mehr die Aussage an sich darstellen oder religiöse, historische Hintergründe beleuchten. Sie wollten den Gegenstand und Landschaft ganz subjektiv malen, den Augenblick wahrnehmen und festhalten. Sie wollten einer „fotografischen Momentaufnahme"[15] ähneln. Ein Augenmerk legten die Künstler darauf, zu versuchen, die Licht- und Lufteinflüsse festzuhalten. Sie wollten nicht das Stillleben, sondern die Bewegungen festhalten.[15]

---

[13] http://vs-material.wegerer.at/kunst/pdf_doc/Claude-Monet.pdf, Seite 5, 06.04.2013
[14] unbek. Autor, Aspekte zum Impressionismus, Abschnitt: Allgemein http://www.sippel.de/kunst/im.htm, 06.04.13
[15] Ders.

5 Aktualität Heute

Dass die Werke von C. Monet auch heute noch sehr beliebt und aktuell sind konnte man an der Ausstellung hier in Wuppertal erkennen. Es war die Claude Monet Ausstellung vom 11. Oktober 2009 bis 28. Februar 2010 im Von der Heydt-Museum in Wuppertal. Es wurde anfänglich mit 100.000 Besuchern gerechnet. Da es die größte Monet-Ausstellung Deutschlands war, mit alleine 30 berühmt berüchtigten Seerosenbildern, stieg die Anzahl auf Rekordwerte. 297.110 Besucher!

Die ausgestellten Werke waren ein Sammelsurium aus 35 Museen weltweit. Leihgebende Museen waren zum Beispiel „Alte Nationalgalerie" aus Berlin, die „Österreichische Galerie Belvedere" aus Wien oder das große „Metropolitan Museum of Art" aus New York. Ein Anzeichen für die große Beliebtheit sind auch die durch das Museum veröffentlichten Gästebucheinträge. Zwei Besucher schrieben zum Beispiel: „Habe mir vorher nicht vorstellen können, dass es so tiefe Emotionen auslösen könnte – ich musste beim Betrachten der Bilder weinen – vor Freude."[16] , „Die Ausstellung ist ein Fest fürs Auge. [...]"[17]. Da, wie erwähnt die Gemälde aus Öl nur eine Leihgabe war, konnte die Ausstellung nicht verlängert werden und musste termingerecht am 28. Februar 2010 beendet werden.[18]

6 Zusammenfassung

C. Monet war ein großer Maler, dessen Bekanntheit bis heute reicht. In jedem Kunstunterricht wird er angesprochen und behandelt. Der doch eigentlich gewöhnliche Mensch, wie jeder andere auch, mit seinen Schwächen in der Schule und seiner normalen Herkunft, hat es geschafft in allen kunsthistorischen Büchern zu erscheinen.

---

[16] http://www.wuppertal.de/rathaus-buergerservice/medien/dokumente/GaestebuchMonet.pdf, 06.04.13
[17] Ders.
[18] Zusammengesetzt aus
    1. http://www.wuppertal.de/pressearchiv/meldungen-2010/maerz/102370100000208282.php, 06.04.2013
    2. http://de.wikipedia.org/wiki/Claude_Monet_%28Ausstellung%29, 06.04.2013
    3. https://www.youtube.com/watch?v=Nf1KxZkVCyM, 06.04.2013

Wenn seine Werke versteigert werden gehen die Preise ins unendliche. Ein Mann, der mal nicht das gemacht hat was andere vor Ihm auch gemacht haben, ist nun ein Mensch, der Begründer einer ganzen Kunstepoche ist. Also ein gewöhnlicher Mann, der mehr erreicht hat, dadurch, dass er doch nicht ganz so gewöhnlich war. Und durch meine Ausführungen wird nochmal bewusst, dass der Begriff Impressionismus immer in Verbindung mit C. Monet und seinem Werk „Impression, solei levant" steht.

7 Anhang

1.

2.

3.

4.

5.

8   Quellenangabe

- http://www.helpster.de/claude-monet-ein-lebenslauf-interessantes-zum-maler-und-seinen-werken_159202, 16.03.2013
- http://www.art-11.net/2012/07/claude-monet-und-der-impressionismus/, 16.03.2013
- www.was-war-wann.de/personen/claude-monet.html, 22.03.2013
- http://upload.wikimedia.org/wikipedia/commons/thumb/9/98/Claude_Monet_-_Caricature_of_L%C3%A9on_Manchon.jpg/220px-Claude_Monet_-_Caricature_of_L%C3%A9on_Manchon.jpg, 22.03.2013
- http://de-bug.de/texte/images/db_images/4657.jpg, 22.03.2013
- http://de.wikipedia.org/wiki/Acad%C3%A9mie_Suisse, 22.03.2013
- http://www.dibb.de/monet-claude-impressionismus.php, 22.03.2013
- http://www.amazon.de/Die-Frau-gr%C3%BCnen-Kleid-Roman/dp/3426198703, 22.03.2013
- http://de.wikipedia.org/wiki/Claude_Monet, 22.03.2013
- http://upload.wikimedia.org/wikipedia/commons/thumb/e/e8/Claude_Monet_-_Camille.JPG/384px-Claude_Monet_-_Camille.JPG, 22.03.2013
- http://upload.wikimedia.org/wikipedia/commons/thumb/5/54/Claude_Monet%2C_Impression%2C_soleil_levant.jpg/771px-Claude_Monet%2C_Impression%2C_soleil_levant.jpg, 22.03.2013
- http://vs-material.wegerer.at/kunst/pdf_doc/Claude-Monet.pdf, 06.04.2013
- http://www.wasistwas.de/aktuelles/artikel/link//6bdab794ec/article/impressionismus.html, 06.04.2013
- http://www.sippel.de/kunst/im.htm, 06.04.2013
- http://www.wuppertal.de/rathaus-buergerservice/medien/dokumente/GaestebuchMonet.pdf, 06.04.2013
- https://www.youtube.com/watch?v=Nf1KxZkVCyM, 06.04.2013
- http://www.wuppertal.de/pressearchiv/meldungen-2010/maerz/102370100000208282.php, 06.04.2013
- http://de.wikipedia.org/wiki/Claude_Monet_%28Ausstellung%29, 06.04.2013
- http://www.monetalia.com/paintings/large/monet-self-portrait-with-a-beret.jpg, 07.04.2013